소쩍새 한 마리

국립중앙도서관 출판시도서목록(CIP)

소쩍새 한 마리 : 김영수 시조집 / 지은이: 김영수. -- 대전 : 오늘의문학사, 2013
p. ;   cm. -- (문학사랑 시인선 ; 25)

ISBN 978-89-5669-578-5 03810 : ₩10000

한국 현대 시조[韓國現代詩調]

811.36-KDC5
895.715-DDC21   CIP2013022885

소쩍새 한 마리

김영수 시조집

오늘의문학사

■ 머리글

하늘이 높고 맑고 푸르다. 파아란 하늘에 하얀 구름꽃 피듯 자연을 살피고 꽃가꾸기를 비롯하여, 모든 동식물에 관심을 갖고 있는 나에겐 인생의 길도 저 하늘처럼 항상 높고 맑고 푸르렀으면 참 좋겠다.

대전시조시인협회를 맡아 「전국한밭시조백일장」을 개최하면서 시조에 대한 열정을 조금씩 나누었다. 초·중·고등학교 학생들과 학부모를 만나 시조짓기를 강의하며 즐거운 만남의 시간도 가졌다.

한가위 날, 아이들 셋이 책을 내라고 했다. 새 책을 낸 지 꽤 오래되었지 않느냐는 말에, 시조집과 동시집을 함께 펴내기로 하였다. 고마운 일이다. 교직에서 정년퇴임을 하고 '하루는 놀고 하루는 쉬는' 나에게 글이라도 썼으니 얼마나 다행한 일인가.

퇴임한 이후, 각종 문학지에 발표한 겨레시 120편을 가려 모아 시조집을 발간하게 되었다. 시조와 함께 동시조도 여러 편 발표하였다. 이 작품들도 시조집에 함께 묶기로 하였다.

인생의 길도 여러 갈래이듯 우리가 걷는 길이 꽃길, 숲길, 둑길, 산길이 있다. 역경의 길, 행운의 길, 고난의 길, 비운의 길도 있다. 나는 그런 길 가운데 꽃길, 꿈길, 비단길을 걷고 싶다.

'문학은 감동'이라 했다. 감동을 찾아 내가 보고, 듣고, 느낀 것을 정성껏 적어 보았다. 어찌 보면 좀 부끄러운 짓인 것도 같다. 어떤 작품은 아이의 마음을 담았고, 많은 작품이 삶을 투영한 글이다.

하늘이 높고 맑고 푸르듯 우리들의 마음도 한 편의 시조를 통해 더욱 높고 맑고 푸르렀으면 좋겠다.

결혼 50년, 등단 30년 기념작품집으로 표지화와 컷을 그려준 아우 김정수 화백도 고맙고, 이 책이 나올 수 있게 힘써준 세 아이와 가족 모두에게 감사한다. 또한 귀한 책이 발간되도록 애써 주신 '오늘의문학사' 여러분께도 고마운 인사를 드린다.

2013년 가을에 연당 김 영 수

차례

■ 머리글 ·· 12

제1부 꽃길 꿈길

봄의 강(江) ·· 23
봄 ··· 24
풀꽃 ··· 25
여름 한낮 ··· 26
가을 ··· 27
가을밤 ··· 28
가을 엽서 ··· 29
가을꽃 ··· 30
가을꽃등 ·· 31
바람의 손 ··· 32
시골 풍경 ··· 33
시골집 ··· 34
아기새 ··· 35
아기새와 꽃바람 1 ····································· 36
아기새와 꽃바람 2 ····································· 37
아기새와 꽃바람 3 ····································· 38
아기잠 ··· 39
나비 한 마리 ··· 40
까치 ··· 41
홍시 ··· 42

김영수 시조집 *****
소쩍새 한 마리

제2부 꽃향기 웃음 길

은방울꽃 ··· 45
이팝꽃 ·· 46
연꽃사랑 1 ··· 47
연꽃사랑 2 ··· 48
연꽃사랑 3 ··· 49
족두리꽃 ··· 50
황국 ··· 51
감국화(甘菊花) ······································· 52
구절초 ·· 53
들국화 ·· 54
꽃길 아래서 ··· 55
꽃의 길 ·· 56
매발톱꽃 ··· 57
매미꽃 ·· 58
매화 1 ·· 59
매화 2 ·· 60
민들레 ·· 61
미선나무꽃 ··· 62
야래향 ·· 63
엉겅퀴꽃 ··· 64

차례

제3부 사랑이 영그는 길

첫돌 ··· 67
아버지 ··· 68
어머님은 ·· 69
만민의 재롱 ·· 70
달을 빚는 아이 ···································· 71
독도 ·· 72
둑길 ·· 73
둘이서 하나 ·· 74
지하철 승차권 ····································· 75
간호사의 하루 ····································· 76
사슴 ·· 77
독도지킴이 ··· 78
소쩍새 한 마리 ···································· 79
손발이 눈이래 ····································· 80
스승의 길 ··· 81
2004 아태잼버리장 ······························ 82
백자 ·· 83
고들빼기 ·· 84
술잔 한 개 ·· 85
족자 한 폭 ·· 86

김영수 시조집 ✳✳✳✳
소쩍새 한 마리

제4부 산길과 물길

대숲에 서면 ················· 89
씀바귀 ····················· 90
백제의 넋 ··················· 91
백제의 혼 ··················· 92
38도선 담쟁이 ··············· 93
순천 갈대밭에서 ············· 94
갈대숲 ····················· 95
담쟁이 ····················· 96
고운 물 비단강 ··············· 97
고추방아 ··················· 98
고추밭 ····················· 99
구름 ······················· 100
중국 백장협에서 ············· 101
묘비문 ····················· 102
물빛 사랑 ··················· 103
물안개 ····················· 104
우산 나물 ··················· 105
탑 ························· 106
탑정호 ····················· 107
호수에 그린 그림 ············· 108

차례

제5부 세월이 머문 길

김집 생가에서 …………………………… 111
돈암서원 ………………………………… 112
개태사 …………………………………… 113
계백장군 묘소에서 ……………………… 114
갑천에서 ………………………………… 115
남간정사 1 ……………………………… 116
남간정사 2 ……………………………… 117
대전천 …………………………………… 118
동학사에서 ……………………………… 119
계룡산 눈물 ……………………………… 120
계족산에서 ……………………………… 121
고란사 …………………………………… 122
무지개다리 ……………………………… 123
백마강 …………………………………… 124
보문산 …………………………………… 125
보문산 비둘기 …………………………… 126
중국 장가계에서 ………………………… 127
보문산 수족관 …………………………… 128
샘머리 공원 ……………………………… 129
백제의 연꽃 ……………………………… 130

김영수 시조집
소쩍새 한 마리

제6부 사랑꽃 고운 길

꽃잎 나들이 ················ 133
봄날 ················ 134
꽃 이불 1 ················ 135
꽃 이불 2 ················ 136
연꽃 ················ 137
푸른 5월에 ················ 138
박꽃 ················ 139
백목련 1 ················ 140
백목련 2 ················ 141
봉숭아꽃 핀 언덕 ················ 142
봉선화 1 ················ 143
봉선화 2 ················ 144
꽃길 ················ 145
분꽃 1 ················ 146
분꽃 2 ················ 147
살구꽃 피면 ················ 148
섬초롱꽃 ················ 149
가을나비 ················ 150
얼굴 ················ 151
사랑꽃 ················ 152

■작품해설∥리헌석∥눈부신 서정과 올곧은 의지 ········ 153

제1부

꽃길 꿈길

봄의 강(江)

맑은 물 고운 꽃빛 섬진강 언덕길에
샛노란 산수유 꽃 천사의 모자 같다.
강바람
물소리 따라
조심조심 걷는다.

맑은 듯 고운 물이 자갈돌을 닦는다.
깨끗한 거울처럼 봄꽃을 가득 담아
나비들
날개바람에
꽃구름도 띄우고.

강물은 우리 보고 쉼 없이 배우란다.
막히면 돌아가고 때로는 쉬어가며
물굽이
흐르는 양을
갈무리해 가란다.

봄

연초록 새싹마다 상냥하게 찾아온다.
고운 빛 어린 눈을 조용조용 깨우며
바람은
비단결처럼
초록 세상 가꾼다.

싱그런 풀밭 위에 빛살 한 줌 얹어 놓고
아기들의 마음을 이슬로 씻어내며
해님도
살포시 앉아
잎잎마다 입맞춤.

부끄러워 꽃 피우는 저토록 환한 얼굴,
하늘 빛 웃음으로 나비 편지 받고 나서
아기는
아지랑이 따라
봄마중 길 나선다.

풀꽃

새하얀
눈꽃처럼
조그맣고
예쁜 꽃들

반짝반짝
이슬방울
보석모자
만들어

봄 햇살
여린 바람도
춤을 추며
맞는 꽃.

여름 한낮

빙 비잉 잠자리 떼 하늘 가득 무용공부
맴 매앰 매미들이 가지마다 노래공부
바람이
꼬솜을 타며
덩실덩실 춤추고.

꽃밭의 맨드라미 백일홍 옆에 섰다.
빠끔이 얼굴 밀고 숨바꼭질 하다가
한낮에
닭 볏 그리며
재미있는 색칠 공부.

가을

잠자리
예쁜 몸짓
하늘 가득
그림 되고

분홍빛
코스모스
살짝이
여린 몸짓

어머님
머리에 가득
가을햇살
머문다.

가을밤

달빛도 꽃이고 가로등도 꽃이다
바람에 내려앉은 고운 빛깔 단풍잎
불빛에
꽃밭이 되어
곱디곱게 피었다.

달빛도 별빛들도 호수에서 함께 놀고
외로운 귀뚜라미 서럽게 지새는 밤
바람은
낙엽을 쓸며
나들이를 떠나고.

여울물은 달과 함께 구름 따라 가는데
고운 빛 단풍잎도 나뭇잎 배 띄우고
어머니
가을걷이는
허리 펼 줄 모른다.

가을 엽서

가을이 창문에서 노크를 하고 있다
저만치서 은행잎이 소식을 전한다.

똑똑똑
뜨락 가득히
차곡차곡 알찬 소식.

돌돌돌 달빛 아래 귀뚜라미 우는데
또르르 굴러 온 빨간 감잎 편지에

또르륵
이슬방울에
깜짝 놀라 잠깼다.

가을꽃

들에는 노란 빛깔 꽃 이불 깔아놓고
파란 마음 하늘 곱게 꽃구름 걸어놓고
잠자리
고운 날갯짓
꽃잎 따라 나선다.

마을엔 가을고추 지붕마다 꽃 바다
한가위 보름달이 감나무에 앉아 놀면
산마다
구절초 꽃이
성묘객을 부른다.

온 산은 풍년노래 도토리가 연주한다.
상수리 나무마다 얻어맞은 몸통상처
반짝인
가을열매가
보석처럼 빛난다.

가을 꽃등

산마다 꽃등 가득 환하게 달아놓고
새들은 노래하고 나무는 춤을 춘다.
구름은
솜옷을 입고
꽃등 위를 맴돈다.

둥근달 별과 함께 동녘에 떠오르면
기러기 ㄱ, ㄴ, 하늘에 글을 쓰고
닿소리
홀소리 글자
마음대로 그린다.

시골길 토방에서 귀뚜라미 노래자랑
감나무 꼭대기에 까치밥 달아놓고
어머니
가을걷이는
밤새도록 가없다.

바람의 손

어느덧 봄바람이 여린 싹을 만지면
목련 가지 샘을 내어 서로서로 키를 재고
고운 꿈
잎으로 피워
향기 가득 나눈다.

저기 저 봄바람이 나뭇가지 만지면
하늘 보며 새 움들이 일제히 눈을 뜨고
고운 빛
예쁜 꽃들이
웃음 가득 베푼다.

어느새 바람들이 예쁜 열매 만지면
알알이 햇살 받아 반짝이며 익어가고
온누리
환하게 밝힐
등불들을 켜고 있다.

시골 풍경

시골집
뜨락 가득 곡식을 쌓아놓고
은행잎 노랑이불 환하게 펴놓으면
풀벌레
달밤에 모여
지난 얘기 나눈다.

장독대
뒤뜰 가득 단풍잎 고운 솜씨
밤이슬 방울방울 댓잎에 달아놓고
아기 꽃
이불이 되어
포근하게 해준다.

우물가
담장 위 고추가 불꽃 피면
닭들은 마당 가득 먹이를 줍는다.
잠자리
잽싸게 날아
소식 전하는 우체부.

시골집

산언덕 묵정밭에 구름 꽃 활짝 피고
낡은 집
장독대에 가을꽃 방실방실
토방에 삽살개들은
깊은 잠에 빠졌다.

담장에 수탉 날아 목청껏 울어대고
우리엔
검정 돼지 주인을 불러댄다.
부엌문 여닫는 소리
마당가득 모인 닭.

마당엔 햇살 가득 곡식을 널어놓고
지붕엔
빨간 고추 하늘을 물들이면
노을 진 들녘바람에
박꽃 활짝 벙근다.

아기새

아기새 한 마리가
꽃잎도 물어보고
풀밭도 기웃대다
나비를 따라간다.
연못에
개구리들은
덤벙대며 물장구.

포근포근 엄마품
한잠 자고 일어나서
포르르 날기 연습
풀밭으로 내려왔다.
둥지로
다시 날아간
한 마리의 아기새.

아기새와 꽃바람 1

폴폴폴
아기새는
꽃바람을 부르고

솔솔솔
꽃바람은
산을 넘어 오는데

진달래
연분홍 꽃은
봄햇살에 웃는다.

아기새와 꽃바람 2

아기새 한 마리가
봄 햇살에 꽃이 되어

봄노래 꽃노래를
쪼롱쪼롱 부른다.

깃털에
햇살을 담아
보송보송 세웠다.

꽃바람 한 자락이
봄바람에 날개 날고

솔소올 꽃가지에
사뿐사뿐 앉는다.

봄볕은
나뭇가지에
열매 한 알 심는다.

아기새와 꽃바람 3

아기새는 햇볕 받아
꽃바람을 오라하고

꽃바람은 햇살 따라
아기새와 놀자하면

개나리
울타리에는
황금꽃이 핍니다.

울타리 아기새는
갸웃갸웃 꽃을 보고

바람이 꽃잎마다
입맞춤을 하고 가면

진달래
산언덕에서
봄 마중을 합니다.

아기잠

오물오물
        입술로
방실방실
        웃으며
고사리손
        예쁜 꿈
꼬옥 쥐고
        잠들면
아기방
        엄마 사랑꽃
방에 가득
        핍니다.

나비 한 마리

봄바람에 나풀나풀
꽃술에 입 맞추고
꽃잎에 사뿐사뿐 꽃 잔치 찾아가면
고운 꽃,
봄 햇살 먹고
환한 웃음 웃는다.

바람은 살랑살랑
나비 등을 밀어주고
꽃송이 요리조리 손짓하며 부르면
나비도
꽃잎이 되어
예쁜 꽃이 피어난다.

아기가 아장아장
예쁜 꽃 주워다가
꽃신에 맞춰보고 머리에도 꽂으면
한 마리
고운 꽃나비
머리에도 앉는다.

까치

감나무 가지마다 요리조리 오르면서
무명치마 꽃목걸이 우리 누나 그리다가
깟깟깟
반가운 노래
아침잠을 깨운다.

지난 밤 별들 얘기 꽃 이불로 깔아놓고
새들도 땅에 내려 하나하나 살펴보고
뜨락에
우리 누님의
추억 가득 뿌렸다.

깟깟깟 해를 불러 꽃을 활짝 피워놓고
안개꽃에 몸을 닦고 노래하며 춤을 추다
고운 정
반가운 소식
우리 품에 안긴다.

홍시

어젯밤
달님 얼굴 나무에다 달아놓고
바람은 고운 잎을 땅에 가득 내려놓아
수줍은
그 얼굴마다
환한 등불 밝혔다.

까치가
날아와서 갸웃갸웃 깟깟깟
터질까 바라보다 바람에게 물어보고
할머니
간식이라고
그냥 두고 떠났다.

할머니
손주 생각 하루해가 저물면
홍시는 말랑말랑 보드라운 손주 손
오늘도
할머니 마음
손주 사랑 홍시맛.

제2부

꽃향기 웃음길

은방울꽃

두 손을 합장하고
소근 대던 이야기길

긴 줄기 꽃을 따라
방울방울 달아놓고

영란꽃
내 이름이라
향기 가득 나눈다.

이팝꽃

밤사이 뜨락 가득 새하얀 눈꽃송이
사르르 바람 따라 살포시 내려앉아
따스한
나눔의 잔치
꽃잎으로 열란다.

바람은 구름손님 구름은 달님손님
저마다 보고 듣고 꽃 편지 보내놓고
흰쌀밥
맛있는 반찬
나눠 먹고 가란다.

이팝꽃 눈꽃축제 오월하늘 열리면
만나는 사람마다 하얀 마음 꽃마음
뽀얗고
맛있는 쌀밥
하늘땅에 넘친다.

연꽃사랑 1

한 서리 설움을
마음 가득 비우고

텅 비운 뿌리마다
꿈을 담아 채우면서

사랑을
차곡차곡 접어
꽃 편지를 보낸다.

연꽃사랑 2

뿌리마다 구멍 숭숭
하늘마음 비워놓고

둥근 잎 사랑 담고
기다림은 줄기 되어

사랑은
붓끝이 되어
그리움을 엮는다.

연꽃사랑 3

4월의 연못 가득 달빛이 환히 쉬고
연분홍 꽃봉오리 동글게 커가도록
개개비
사랑의 노래
잎새 뒤에 부른다.

흰구름 꽃바람도 연못에 함께 놀고
옥구슬 꽃봉오리 달빛에 커 가는데
꽃잎에
차곡차곡 쌓아
순정으로 가꾼다.

연꽃은 사랑편지 꼭꼭 접어 써놓고
잠자리 개구리도 쉬어가며 읽으란다.
촛불을
환히 밝혀서
마음마저 밝힌다.

족두리꽃

성거산
기슭마다 야생화 가득 피고
순교자 잠든 넋이 꽃으로 찾아왔다.
수줍어
족두리 쓰고
잎새 밑에 숨었다.

초콜릿
진한 빛깔 손 모아 기도하고
족두리 예절 갖춰 맵시 또한 예쁘다.
순교자
간절한 기도는
가슴마다 꽃이다.

옛 아낙
원삼 옷에 머리에 쓴 족두리
어여쁜 그 모습이 되살아 꽃이 되어
두 손을
한데 모아서
꽃잎 뒤에 숨은 꽃.

황국

들길 옆 돌섶에서 웃음 짓는 노랑꽃
가을빛 소복 담아 향기 짙게 보듬고
벌 나비
쉬어가라고
한들한들 춤춘다.

언덕에 누워 핀 꽃 여울물에 비추고
아래로 뻗은 가지 연인들의 치마폭
고운 빛
예쁜 각선미
꽃잎으로 가렸다.

황국화 곱게 물든 웃음 활짝 시골집
목화꼴 구름꽃이 보슴보슴 피듯이
어머님
사랑마음이
황국으로 피었다.

감국화(甘菊花)

도랑 따라 산기슭에
감국화 활짝 웃고

짙은 향
바람결에
벌 나비를
손짓한다.

빨갛게
단풍 든 손이
오늘 따라 더 곱다.

구절초

햇살 먹고 이슬 먹고
바람에 손짓하다

새들도
불러오고
벌 나비
모아놓고

향 가득
정을 담은 말
웃음 환히 주는 꽃

들국화

형형색색 꽃잎마다 어머님 사랑 담고,
아버님의 뜻을 받아 지키는 오상고절.
저녁놀
붉은 해 보며
물결치는 그리움.

그리움을 불러내어 바람에게 물으면
사랑아 내 사랑아, 꿈결 같은 속삭임.
달빛에
마음을 엮어
오솔길을 밝힌다.

꽃길 아래서

거리마다 꽃잎을 곱디곱게 깔아놓고
밀고 끌며 가을햇살 마음가득 담아서
한줌의
저 보석들을
꽃길에다 뿌렸다.

밀리고 막히는 길 자동차의 긴 행렬
자동차 발걸음이 해를 따라 바쁘다.
가을볕
햇살도 듬뿍
마음속에 담았다.

활활 타는 가을햇살 단풍잎은 불꽃이다.
장독대 고추 열매 다갈다갈 말리면
어머님
봉숭아꽃물
손끝마디 작은 꽃.

꽃의 길

차들도 줄을 서고
개미처럼 모여드는
차와 사람 모인 곳
안면도 꽃박람회.
인생길 머나먼 길도
저 길처럼 고울까.

은빛 물 꽃지바다
꽃무늬 아름답고
산 가득 안면송이
멋을 내는 고운자태.
꽃길은 향기 짙어서
사뿐사뿐 가는 길.

매발톱꽃

여린 바람 잎에 쉬고 하늘하늘 춤추는데
지휘봉은 긴 잎자루 박자 젓기 바쁘다.
하늘빛
꽃에 담아서
고운 꿈을 피운다.

꽃잎은 매발톱처럼 무섭게 부여잡고
바람에 떨어질라 흔들흔들 붙든다.
꽃 줄의
새하얀 무늬
햇살 담아 부시다.

봄 햇살 숲 그늘에 가만가만 내리면
뻐꾹새 봄노래에 밭을 가는 누렁소.
어머니
치맛자락에
하늘꽃을 그린다.

매미꽃

산기슭 그늘 아래 여럿이 함께 모여
조그만 기척에도 놀라서 움츠리고
한 서린
설움 가득히
꽃송이에 담았다.

다섯 잎 푸른 골에 사연을 모두 새겨
꽃대에 높이 세워 노랑꽃 피워내고
목 놓아
불러댄 노래
피가 되어 흐른다.

바람결 노랫가락 온산을 물들이고
외로움 달래려고 춤추며 부른 노래
꽃대엔
송이송이 핀
피를 담은 피나물.

* 매미꽃 : 야생화로 우리나라 산에 피는데, 피나물이라고 한다.

매화 1

눈보라 이기며
버티고 선 작은 나무

가녀린 가지마다
활짝 웃는 꽃잎마다

한 세월
고난을 잊고
웃음으로 반긴 꽃.

매화 2

눈보라 찬바람에
오들오들 떨더니

봄 햇살 푸른 가지
방울방울 꽃 방울

설중매
눈꽃송이가
방긋방긋 웃는다.

민들레

노란 꽃 작은 해가 뜨락 가득 내린다.
봄 햇살 환한 날에 놀고 있는 작은 꽃
민들레
노란 꽃송이
병아리가 되었다.

푸른 잎 화살 닮아 해를 보고 커가고
긴 꽃대 텅 빈 마음 무량수를 외치며
새하얀
꽃마차 타고
빈 하늘을 오른다.

봄날에 한발 한발 아기걸음 나들이
나비랑 얘기하고 숨바꼭질 한바탕
노아의
홍수를 따라
높은 꿈을 꾸었다.

미선나무꽃

입김은 하늘에다 구름 꽃을 피우는데
뜨락에는 나무마다 꽃망울 부풀리고
무명 빛
미선나무 꽃
가만가만 눈뜬다,

흰 꽃잎 나비날개 여리고 여린 꽃잎
바람이 찾아오면 한바탕 춤사위.
뻐꾸기
산울림 따라
향기 가득 풍긴다.

내 사랑 미선이는 착하고 아름답다.
방긋이 웃는 모습 꽃송이 닮았는데
봄날의
미선나무 꽃
너를 본 듯 반갑다.

야래향

화분에 심어놓고 물 주어 가꾼 화초
밤에만 향기 가득 코끝을 호리면서
벌 나비
오지 말라고
밤으로만 피는 꽃.

꽃향기 밤새 풀어 풀벌레 달래다가
동녘에 해 오르면 조용히 입 다물고
임의 뜻
밤에만 이뤄
굳게 다문 야래향.

엉겅퀴꽃

산언덕 양지쪽에 보랏빛 고운 꽃은
뾰죽뾰죽 가시 잎에 봄 햇살 잡아놓고
나비야
호랑나비야
꽃소식을 알려라.

산언덕 양지쪽에 보랏빛 수염 달고
한층 한층 가시 잎에 이야기 달고 서서
산새야
뻐꾹뻐꾹 새야
네 얘기도 달아라.

산언덕 양지쪽에 보랏빛 솜꽃송이
길쭉길쭉 꽃술마다 봄바람 잡아놓고
바람아
고운 바람아
꽃 피워라, 불어라.

제3부

사랑이 영그는 길

첫돌

첫돌에 어머님은 천수를 누리라고
길고 긴 생명의 끈 실타래 놓으시고
"아가야
갑자(甲子)를 돌아
오래오래 살아라."

바람이 불어와도 파도가 밀려와도
삶의 길 이겨내고 참되게 살라시며
수수떡
온 정성 담아
이웃 모두 나누셨다.

돈을 쥘까 붓을 쥘까, 조마조마 엄마 마음
실을 쥐면 어떻고 과일 쥐면 어떠할까.
첫돌에
돌상 가득히
부모 마음 쌓으셨다.

아버지

호남선 철길 따라 정 가득 펼쳐놓고
부모님 형제자매 보듬어 안으시고
청춘을
교육에 담아
불태우신 육영 길.

한잔 술 매화타령 한시름 달래시며
아들딸 보물이다 배움 길 열어주고
착하고
부지런하게
바로 살라 깨치신 님.

한밭 벌 직업학교 배움터 으뜸학생
새벽길 달음질로 수학은 최고였다.
스승길
아버지 삶을
늦게서야 알았다.

어머님은

문 밖까지 따라와서
우리들을 보내시고

문밖까지 뛰어와서
우리들을 반겨 맞는

어머님
사랑 사랑은
햇살처럼 따숩다.

어머님의 크신 사랑
강물처럼 넘쳐나고

철없던 우리 마음
샘물처럼 적셔 주며

지금도
대문 밖에서
기다리는 어머님.

만민의 재롱

만이는 일기장을 펼치면 무얼 쓸까
고개를 갸웃갸웃 벽면을 한참보다
할머니
동화책 얘기
재미있게 써놓고.

민이는 피아노를 한바탕 치고 나서
"아이참 깜빡했네" 전화기 손에 들고
"할머니
할아버지랑
감기조심 하세요."

만민은 곱고 예쁜 우리 집 웃음꽃들
일년 내 두고두고 활짝 핀 고운 꽃들
오늘도
일기장 가득
재롱꽃을 담는다.

* 만이, 민이는 손자 손녀 아이들 이름.

달을 빚는 아이

시골집 대청마루 달님이 마실 왔다
희고 고운 떡가루
할머니 환한 웃음
예쁜 손 고사리들이 반달 송편 빚는다.

하얀 달 둥근 달을 반으로 접어들고
손가락 돌려가며
고명도 고루 넣어
저렇게 반달송편이 쟁반 위에 떠있다.

둥글게 둘러앉아 정성껏 빚은 송편
온 가족이 모은 정성
마음까지 나눈 사랑
한가위 모여 앉아서 달을 빚는 아이들.

독도

동녘에 불꽃 활활 피어나서 꽃피고
햇살에 갈매기가
너울너울 춤추면
작은 섬 독도의 아침 태극 깃발 날린다.

울릉도 동남쪽인 한국의 등대 탑에
새들도 날아와서
둥지를 꾸미고서
동해물 백두산 노래 맘껏 날며 부른다.

바위섬 풀포기는 한국인의 향기 가득
물새떼 섬을 돌다
앉아 쉬는 쉼터마다
독도는 한국의 영토 글씨로도 새겼다.

둑길

바다를 메워 막은 길고 긴 개척의 길
한쪽은 민물 되고 또 한쪽은 바닷물
둑 하나
사이에 두고
땅 모양이 다르다.

바다는 논이 되고 논들은 밭이 되어
바다 속 땅까지도 예매로 사고 팔고
새만금
꿈을 활짝 필
기다림의 삶의 터.

선유도 가는 길도 육로로 가게 되고
밤경치 아름다운 관광지 완성하면
고군산
옛 모습 환히
다시 볼 수 있단다.

둘이서 하나

강원도 산골에서 나무가 이사 왔다.
키가 큰 소나무가 여섯이 짝을 지어
둔산동
샘머리공원
동산에서 산단다.

시민도 지켜보고 구름도 맞이한다.
새들도 불러보고 까치가 집짓도록
강원도
강릉시에서
서구청에 왔단다.

대전시 서구 주민 강원도 강릉사람
둘이서 하나 되어 천년의 우정으로
푸른 솔
맑은 바람도
하나 되어 살란다.

지하철 승차권

계단을 오르내려 땅속 길 달려가고
눈 마주 얼굴 마주 앉아서 도란도란
대전역 경부선 열차
비 안 맞고 간단다.

포도밭 판암동은 단숨에 달려가고
식장산 높은 봉은 한밭벌 내려보고
수원지 벚꽃잔치도
쉽게 와서 본단다.

스르르 오르내린 승강기 타는 기분
가만히 서 있어도 오르는 자동 오름
노인들 지하철 타기
도시철도 최고다.

머니가 돈이라고 머니가 최고라고
손가락 동그라미 그리며 돈을 달라
동그란 황금 승차권
편히 타는 지하철.

간호사의 하루

누나는 바퀴 달린 차를 밀고 다닌다.
달달달 체온 측정
혈압들도 재보고
혈관의 흐르는 피도 사정없이 빼간다.

누나는 하얀 마음 붕대 칭칭 감고도
모른 척 기다리는
바램들도 읽는다.
간호사 하루일과는 밀차하고 일한다.

달달달 밀고 가는 주사바늘 먹는 약
웃으며 하나하나
차근차근 챙기며
천사의 고운 목소리 환자 마음 달랜다.

사슴

먼 하늘 푸른 숲을 가슴 가득 그리면서
바람을 나무처럼 머리 위에 이고 서서
오가는 사람들 마음 눈빛으로 읽는다.

오가며 꿈을 먹고 머리에다 키운 나무
칡넝쿨 떡갈잎을 씹으면서 기다리며
옥수수 배합사료로 고향맛을 달랜다.

앵두빛 붉은 날에 키운 꿈을 잘리우고
몽롱한 정신으로 하늘 한번 다시 보며
푸른 숲 맑은 바람도 흘린 피를 말린다.

독도지킴이

하늘과 너른 바다 마음껏 날고 날아
삽살개 너도 함께 이 섬을 지키자며
날갯짓
힘껏 치면서
높게 나는 갈매기.

파도는 철썩철썩 물보라를 일구고
물거품 새하얗게 한 설움을 토하면
갈매기
서럽게 울며
삽살개를 깨운다.

바람이 쓰다듬고 안개가 품고 가도
외딴섬 등대지기 초병과 함께 있어
삽살개
먼 바다 보며
지켜주는 독도 땅.

소쩍새 한 마리

길 잃은
한 마리의 소쩍새가 날아왔다
도시의 한복판인 아파트 나뭇가지
꽃들도
자동차들도 가만가만 보았다.

나무도 흔들흔들
창문도 덜컹덜컹
전깃줄에 앉아서 그네 타고 놀다가
빌딩숲
골목 길 찾아 요리조리 날았다.

한낮에
아이들이 눈맞춤을 하려고
더, 더, 더 숨죽이며 다가와서 살펴보다
큰 눈이
노랗고 커서 무섭다고 내뺀다.

손발이 눈이래

내 옆짝 방글이는 손발이 눈이지요
레고도 책글씨도
손으로 알아내고
밤에도 예쁜 꽃나비 마음대로 보지요.

색깔은 몰라봐도 장미는 빨갛고요
모양은 만져보고
이름은 다 알아요
내 옆짝 예쁜 방글이는 마음씨도 예쁘지요

얼굴은 모르고도 목소리는 다 알지요
예쁘다 미웁다고
혼자서 말을 하고
목소리 예쁜 사람을 미인이라 한 대요.

* 근무하던 학교 유치원 특수반 예쁜 아이가 시각장애다. 내가 찾아가면 빙그레 웃고 원장님이 오셨다고 하고, 발소리만 듣고도 말하고, 이따금 교실에서 레고도 퍼즐도 곧잘 하고 내 얼굴도 만져보고 싶단다.

스승의 길

별을 보고 달을 보며
뛰고 닫던 통학길

연산역 물을 먹고
양정고개 넘던 기차

서대전
연탄공장 옆
논둑길을 달렸다.

용머리 대사고개
아카시아 향기 짙고

통학생 후배사랑
철길처럼 길고 긴 길

서로가
배움터 찾아
한발 한발 스승의 길.

2004 아태잼버리장

산에는
둥실둥실
구름 꽃 피어 쉬고

골마다
하늘하늘
잠자리 날며 놀고

풀밭엔
고운 빛 천막
스카우트 꿈의 집.

백자

어머니 숨결 담은
우윳빛 조선 자기

제삿날 상에 올라
우리들 절을 받네.

조상님
되새기면서
마음 가득 사랑가.

고들빼기

매실밭 그늘 아래 파릇하고 여린 잎
얼비친 햇살 먹고 젖빛 물 가득 담아
어머님
사랑손맛을
쓴맛으로 바꿨다.

가늘고 질긴 뿌리 추위도 견뎌내고
노란빛 작은 꽃은 쓴웃음을 닮았다.
그래도
어머님 사랑
잊을 수가 없어요.

산언덕 절벽에도 달라붙어 살면서
산기슭 낙엽 덮고 숨어서도 자랐다
내품는
고향의 향기
어머니의 냄새다.

술잔 한 개

선비님 앉아 쉬는
청자 빛 술잔 하나

소나무 대나무가
짙게 그려 푸르르고

선비는
지조를 따르며
정담들을 나눈다.

족자 한 폭

아버지가 물려주신
족자 한 폭 모셨다.

세로로 묵향 짙은
두산만이 써 놓은 글

가슴에
천지육생무사편
두고두고 새긴다.

* 두산만 : 頭山滿
* 천지육생무사편 : 天地育生無私扁

제4부

산길과 물길

대숲에 서면

대숲엔 마디마디 선비들 꿈이 크고
향교엔 뜨락 환히 글꽃이 피어난다.
연분홍
복사꽃 한 잎
나비 되어 날고 있다.

도톰 뾰죽 땅을 뚫고 죽순이 하늘 본다.
선비들은 책을 펴고 글밭을 다듬을 제
대숲에
오가는 길목
이야기꽃 피어난다.

어머님 손길 따라 대그릇 태어나고
아버님 톱질소리 산마을 울음 울 때
텅 빈 속
통대가 울면
부모 마음 보인다.

씀바귀

푸른 들 논두렁에 노란 별꽃 나들이
살랑살랑 바람에 너울춤을 추면서
"애들아
너랑 나랑 함께
재미있게 놀자." 한다

긴 잎을 하나 따면 엄마 젖물 솟아나
손끝엔 끈적끈적 함께 살자 붙당긴다.
밥맛을
돋구어 주어
밥 도둑놈 자처한다.

엊저녁 깊은 밤에 길쌈하기 바빴나,
반짝반짝 밤하늘 별님 친구 되었다.
노랑꽃
씀바귀나물
입 안 가득 봄 향기.

백제의 넋

황산벌 넓은 들판 군마가 달리던 곳
충신을 길러내어 충곡리 마을이다.
서원의
글 읽는 소리
산을 타고 들린다.

탑정호 맑은 물에 얼굴 비춰 마음 닦고
백제땅 지키고자 병사들은 고된 훈련
박물관
옛 유물마다
백제혼이 서린다.

푸른 솔 잔디무덤 한편의 시를 읊고
맑은 물 탑정호에 철새들 날아오면
백제 넋
말굽소리가
되살아나 울린다.

백제의 혼

부소산 솔바람에 백마강 물새 울면
낙화암 궁녀들이 은빛 물에 떠오르고
백제혼
장졸의 함성
연꽃으로 핍니다.

서동요 가락 따라 궁남지 분수 솟고
사비성 애국혼을 연꽃에 고이 담아
백제혼
솟구친 사랑
홀로 남은 꽃대궁.

기왓장 한쪽한쪽 선열들 손길 담겨
은빛 강 흐르는 곳 역사 또한 흐르는 길
백제혼
연꽃이 되어
궁남지가 환하다.

38도선 담쟁이

강원도 인제 찾아 넘고 넘어 가는 길
찾아간 언덕 위에 붉게 새긴 38도선
담쟁이
새빨간 손이
쥐고 있는 가을날.

숨 고르며 바위절벽 오르다가 물든 손
전쟁에 흘린 피를 잎에 가득 담았는가
가신 님
넋이 되어서
물들이는 저 핏빛.

바위에 새긴 글씨 38도선 붉은 글자
새들도 쉬다 가는 하늘 열린 저 길을
오늘도
넘지 못하는
철조망을 한(恨)한다.

순천 갈대밭에서

갈밭엔 나무다리 줄지어 사람 가고
물 위엔 놀이배가 물보라 밀고 간다.
늪 가득
고운 빛 새들
가을햇살 줍는다.

아가씨 웃음소리 갈 숲을 파고들면
카메라맨 삼각대도 길 막고 버텨 선다.
갈꽃도
순정을 담아
노을빛을 태운다.

큰 집안 흑두루미 옛집을 찾아와서
춤추듯 날개 활짝 손님을 맞이한다.
새들의
날갯짓 따라
갈밭 가득 바람결.

갈대숲

갈밭엔 사각사각 갈바람 노랫가락
물가엔 찰방찰방 물새들 자맥소리
개개비
갈잎 사이로
숨바꼭질 노닌다.

황금들판 파고들어 둑길에 내려보니
갈 숲엔 동서남북 오솔길 그려있고
강물은
은빛 손으로
어서 오라 반긴다.

갈대숲 들어서니 갈잎 향 물씬 나고
박목월 소월시인 목판 안에 서 있고
개개비
소리 맞추어
시를 읽고 떠난다.

* 갈대숲 : 충청남도 서천, 신성리 갈밭에서

담쟁이

덩굴손 벽을 잡고 한 뼘씩 오르다가
햇살에 한잎한잎 아기손 붙여놓고
여름낮
천둥에 놀라
얼굴 파래 서 있다.

파아란 하늘 높이 해님이 보고 싶어
잣나무 몸둥이를 휘잡고 오르다가
가을날
따사론 햇살
얼굴 붉게 태웠다.

고운 물 비단강

햇빛에 반짝이는 은빛 물 비단강은
고을과 마을 따라 고운 물 주는 강물
아이도
물고기들도
모두 노는 비단강.

달빛에 반짝이는 고운 물 비단강은
고을과 마을 따라 이야기를 담은 얼굴
산토끼
물새들 모여
도란도란 비단강.

풀잎도 꽃잎들도 고운 물 비춰보고
달님도 물결 위에 동동동 놀다가고
나룻배
노 젓는 소리
물 그림을 그린다.

고추방아

풀잎마다 이슬 꽃 엄니 얼굴 땀방울
조롱조롱 열렸다 울 엄니의 하루가
맵고도
고운 빛깔로
고추방아 찧는 날.

엄니는 언제든지 고추밭에 가시면
쑥잎 비벼 코 막고 눈물지며 재채기
아들딸
겨울준비에
해 저문 줄 몰랐다.

엄니의 자식사랑 고추처럼 맵게 타
방울방울 땀방울 파란 하늘 흰 구름
빛 고운
빨간 고추를
눈물 섞어 찧었다.

고추밭

나란히 끈에 묶여 햇볕도 듬뿍듬뿍
초록빛 꿈의 열매 층층이 주렁주렁
빠알간
고추열매는
어머님의 구슬땀.

뒷산에 뻐꾸기는 한 설움 토해내고
두렁마다 잘 자라 포기마다 통통 익어
아낙네
바쁜 일손은
고추 따기 빠른 손.

한가득 부대마다 고추가 넘쳐나고
어머님 환한 미소 땀방울 송글송글
웃음꽃
환한 얼굴에
저녁노을 물든다.

구름

복사꽃 과수원에 흰 구름이 쉬고 있다.
고운 빛깔 꽃잎들이 햇살 받아 시들까봐

바람은
사알살 불고
꽃잎들은 예쁜 짓.

배꽃 핀 과수원에 흰 구름이 쉬고 있다.
하얀 빛깔 꽃잎들이 구름 되어 함께 놀면

구름은
새하얀 이불
꽃을 가만 품는다.

중국 백장협에서

구름은 나무 위에 살포시 내려 쉬고
나무는 바위하고 정답게 붙어 앉아

하늘과
바람을 불러
함께 놀자 부른다.

사람도 짐승들도 무두가 바위 되어
나무를 꼬옥 잡고 이름도 지어 받아

백장협
십리 화랑은
만물상이 되었다.

묘비문

양지 바른 무덤을 우뚝 서서 지키며
비바람 눈보라도 마다않고 맞는다.

조상님
하신 일들을
한자 한자 새겼다.

명절날 제삿날에 후손들 맞이하고
새들도 해달별도 찾아와 읽고 가면

비문에
새긴 글귀가
걸어 나와 서 있다.

물빛 사랑

돌 틈에 은빛 줄로
실 가닥을 엮어가다
어머님 여린 손길
베틀 가득 걸어놓고
오가는 북 바디 소리
여울 같은 물소리.

한 발 끌면 물이 되고
두 발 끌면 여울 되고
오가는 손길 발길
허리 가득 담긴 여울
새벽길 안개꽃처럼
길을 가득 만든다.

한올한올 엮은 정성
물빛 사랑 무명 한 필
옷으로 입어보고
이불로 덮어 봐도
어머님 깊고 깊은 뜻
사랑마음 느낀다.

물안개

아침엔 물안개 꽃 모락모락 피우고
저녁 땐 빨간 불꽃 활짝 피는 고운 강
물 위에
물새들 놀이
찰방찰방 재밌다.

강물은 돌고 돌아 온 벌판을 안아주고
세종보 잠시 쉬어 새마을도 구경하고
웅진성 백제도읍지 병사되어 서 있다.

낙화암 삼천궁녀 꽃잎처럼 던진 곳
백제교 자온대는 전설 담고 앉아서
강경항
나바위성당
군산까지 간단다.

우산 나물

오크밸리
잔디밭엔
햇살 환히 노닐고

숲 가득
오솔길에
야생화가 줄서고

둥근 잎
찢어진 우산
우산 나물 되었다.

탑

언덕엔 하늘 높이 육화탑 우뚝 섰다.
나뭇잎 바람 손짓 반짝인 은빛 햇살
아래 터
돌층계마다
관람객의 발자국.

여섯 개 모퉁이에 하늘땅 조화 담아
온누리 하나 되어 꿈 가득 세워 놓고
강물도
하늘을 담아
탑 모양을 그린다.

한마음 한층 한층 산 강들 모두 담고
나무들 짐승들도 다함께 살아가라!
해와 달
밝고 환한 빛
온누리에 전한 탑.

　　* 육화탑(六和塔) : 중국 항주에 있는 나무로 된 탑.

탑정호

대둔산 높은 줄기 골 따라 흐르는 물
양지마을 인내천도 잠깨어 노래하면
충곡리
서원마을엔
선비님의 글소리.

물안개 이불 덮고 한잠을 자고 깨면
해님도 모락모락 논뙤벌 밥을 짓고
나무는
바람을 불러
손 흔들며 웃는다.

계백혼 호수 가득 햇살도 쓸어 담고
철새들 불러 모아 옛 전설을 알리며
논산의
젖줄이 되어
목마름을 막는다.

호수에 그린 그림

맑은 물 은빛 거울에 하늘을 담아 놓고
물고기 물새떼들 쉼터가 되어 주며
나무도
물 안에 담아
산수화를 그린다.

노을빛 물든 저녁 집마다 연기 꽃들
감나무 얼룩진 잎 하나 둘 내려 쉬면
고운 빛
낙엽이 모여
꽃밭 되어 있단다.

달밤엔 풀벌레가 도란도란 이야기
별들도 물에 내려 오순도순 정답다.
달님은
환한 얼굴로
웃음꽃을 피운다.

제5부
세월이 머문 길

김집 생가에서

숲마을 낚시바위 철길 옆에 기와집
사랑채 대문 지나 궁궐 같은 안채에서
종갓집 맏며느리는 환한 미소 짓는다.

마당의 연못에는 금붕어들 노닐고
담장 옆 은행나무 키를 재고 섰는데
잔디밭 까치 한 마리 오는 손님 반갑다.

사당에는 임의 뜻을 신주에다 새기고
문살에 그린 학문 마음 가득 담아서
크신 뜻 기왓장마다 환한 빛을 담았다.

* 김집 : 호는 신독재. 사계 선생의 아들로 충청남도 논산시 연산면 임리에 생가가
  있음.

돈암서원

논산 대전 큰길가 돼지바위 우뚝 서서
산을 헐어 다듬어 넓은 마당 홍예문
옛 선비
곧은 정신이
붉은 기둥 지킨다.

배롱나무 붉은 꽃은 해마다 세 번 피고
옛집 가득 솔바람은 창살에 머물러도
선비들
글 읽던 소리
언제 다시 들리려나.

철길 따라 전깃줄은 옛길을 따라가도
예학의 배움터엔 부모님의 은혜 보답
목판에
예의 법도를
깊게 새겨 기렸다.

개태사

실개천 맑은 물은 은빛깔 비단 물길
천호산 그림자는 한숨을 품어 안고
개태사
큰 가마솥에
견훤왕 뜻 담았다.

해돋이 계룡학사 아이들 웃음소리
석양빛 노을 질 때 절 마당 독경소리
화악골
오골계 울음
백제 한을 달랜다.

개태사 뜨락에는 두 나무 하나 되어
불당엔 부처님들 상처만 남겨 놓고
호남선
초고속 열차
연산현을 달린다.

계백장군 묘소에서

푸른 솔 넓은 잔디 탑정호를 안고서
높은 산 넓은 들에 호국혼을 키우며
임의 뜻 백제 넋 되어 황산벌에 잠들다.

큰 무덤 돌비석은 백제 넋을 새기고
유물관 넓은 마당 충절의 뜻 기리며
오가는 후손들 마음 물빛 가득 담았다.

고정리* 산기슭엔 산딸기가 물들고
충곡리* 서원들엔 풀빛 짙게 발하면
임의 뜻 큰길이 되어 호국불빛 오른다.

* 고정리 : 충청남도 논산시 연산면 사계 김장생 묘소가 있는 산으로 계백장군 묘소가 있는 산줄기.
* 충곡리 : 충청남도 논산시 부적면 충곡리. 충곡서원이 있음.

갑천에서

오정동 한밭대교 맑은 물이 흐르고
천변길 자동차길 유채꽃이 노랗다.
꽃 따라
활짝 피어난
우리들의 애기꽃.

백로는 물가에서 은빛고기 지키고
긴 목을 날개 속에 깊숙하게 넣고서
물소리
고운 노래를
얌전하게 듣는다.

갑천물에 물고기는 마음껏 뛰며 놀고
도로마다 자동차들 줄지어 달리는데
무지개
고운 다리에
구름꽃이 피어났다.

남간정사 1

옛 선비들 글소리 기왓골에 되살아
정사에 내린 햇살 가슴을 데우는데
바람은
도포자락을
흔들면서 깨운다.

우리 얼 전통문학 시조 글 쓰고 읽혀
겨레시 우리자랑 갈고 닦아 빛내자.
백일장
시조짓기에
구름처럼 모였다.

대문에 들어서니 옛집은 낡았어도
연못은 하늘 담고 나무는 새들 불러
오가는
관람객에게
남간정사 알린다.

남간정사 2

박팽년 비각 지나 숲길을 찾아오니
해묵은 기왓골엔 이끼가 푸르르고
선비님
발자국소리
귀에 쟁쟁 울린다.

유물관 새로 지어 님의 뜻을 기리고
큰 정자 높게 지어 선비정신 받들자.
돌다리
디뎌보면서
옛 자취를 살핀다.

돌마다 디딤자국 정사뜰에 환하고
잔디밭 너른 마당 산새들도 머문다.
연꽃은
해를 담아서
선비 뜻을 펼친다.

대전천

한밭들 휘돌아서 셋이서 하나 되어
삼천동 둔지미에 큰 동네 만들고서
한빛탑
물그림자도
하늘 가득 비춘다.

무지개 다리 밑엔 보트들이 지나고
낚시꾼 빨간 찌가 꽃잎처럼 떠있고
둔지엔
파아란 잔디
아이들의 놀이터.

천변길 꽃빛 곱게 유채꽃이 피어나
차들이 오가는데 웃음 활짝 손짓을
백로는
외다리로 서
목척교를 지킨다.

동학사에서

계룡산 높은 봉엔 구름도 쉬어가고
정다운 오뉘탑엔 달빛도 멈춰 간다.
오르는 오름길마다
다람쥐가 뛰논다.

계곡의 맑은물엔 물고기 햇살 줍고
나뭇잎 물을 따라 구름꽃 숨바꼭질.
골짜기 나뭇가지에
노래하는 동박새.

바위에 푸른 이끼 푸른 빛 짙어가고
기왓골 지붕마다 저녁해 내려오면
여승의 독경소리가
계곡 가득 울린다.

계룡산 눈물

계룡산이
새하얀 솜이불을 덮고 있다
삼월초순 새순이 동글동글 눈뜨는데
펑펑펑
목화꽃송이
늦은 눈이 내린다.

산바람이
새들을 흔들어서 깨워주고
찬바람에 소나무 벌거벗고 서 있다가
솜이불
새하얀 눈꽃
무거워서 휜 가지.

졸졸졸
계곡의 물소리는 눈물 줄기
은선폭포 가장자리 누워있는 나무들
폭설이
계룡산을 찾아
꺾인 가지 피눈물.

계족산에서

돌마다 쌓인 손길 백제혼이 살아있고
맑은 물 대청호는 선열들의 피와 눈물
뻐꾸기
노랫소리는
애국혼을 달랜다.

구름도 쉬어가고 달빛도 머무는 곳
한밭벌 한눈 가득 대청호에 비춰보며
백제혼
충청인 절개
산을 가득 채운다.

산성을 오르는 길 피를 담은 붉은 흙길
세계인 맨발 걷기 죄를 사한 까닭인가.
황톳길
피로 물든 곳
땀 흘리며 걷는다.

고란사

똑똑똑
가슴 치듯 맑은 물이 떨어지고
고란초 파릇한 잎 온몸 스쳐 적시면
백제 꿈
찬란한 문화
샘물 가득 채운다.

탁탁탁
목탁소리 산을 가득 울리면
동녘의 붉은 햇살 정림사지 환히 비춰
스님들
독경소리는
백제 넋을 달랜다.

통통통
유람선은 강을 따라 오고가며
낙화암 삼천궁녀 굳은 절개 피어나면
계백의
구국함성이
부소산을 울린다.

무지개다리

갑천을 흐르는 물 엑스포 거울 되어
낮에는 구름과 해, 밤에는 별과 놀며
한빛탑
높은 꼭대기
무지개를 그린다.

파란 하늘 하얀 구름 다리 위에 널어놓아
철새들도 놀다가랴 맑은 물이 일렁인다.
무지개
고운 빛 되어
꿈을 가득 그린다.

자동차도 달려가고 자전거도 지나가며
오순도순 도란도란 손을 잡고 걸어가면
한빛탑
무지개다리
물 위에서 춤춘다.

백마강

부소산을 품에 안고 백제혼 달래가며
낙화암 백마강이 얼굴 마주 마음 하나
용이 된
의자왕 뜻을
물에 환히 그린다.

산들은 물결 위에 그림을 그려놓고
물들은 산을 가득 가슴에 품어 담아
고란사
풍경소리에
백제꿈을 새긴다.

임 따라 몸을 던진 낙화암의 궁녀들
강물에 묻은 회억 새순으로 돋아 올라
사비성
환하게 밝힐
저 원혼의 눈빛들.

보문산

비온 뒤 골짝 따라 새소리 물의 노래
맑은 물 소리 내어 사람들 모아오고
다람쥐
두 손을 모아
기도하는 보문산.

음악당 전승탑을 한바탕 돌고나서
산성터 시루봉을 오솔길 따라가면
선인의
발자국 소리
가슴 깊이 새긴다.

시루봉 높은 자락 솔바람 타고 넘고
사방에 뻗은 길을 오가는 등산객들
산바람
숲 향기 가득
대전사랑 보문산.

보문산 비둘기

오월의 바람결에 푸른빛 일렁이고
산새들 노랫가락 꽃들의 웃음잔치
보문산
고운 비둘기
하늘 가득 꽃잎들.

광장엔 까리따스 카톨릭 신자모임
하이얀 미사포에 두툼한 성경 들고
저마다
내 탓이라고
가슴 치며 기도함.

보문산 비둘기는 아파트 고운 집에
후루루 모여앉아 구구구 얘기하고
산기슭
야외음악당
한 바퀴를 휘돈다.

중국 장가계에서

돌기둥이 하늘을 손을 모아 받쳐 들고
구름들은 바위를
바람 모아 안고 서서
산수화
한폭 한폭을
골짝마다 그렸다.

산길마다 오솔길 도란도란 걷다보면
절벽 따라 자물통
열쇠 없이 꽃이 되고
주인은
어디로 가고
바램들만 달았다

백장협곡 승강기 바위 타고 오른 정상
청룡백룡 갖가지
형상들이 줄을 지어
온누리
만물 한자리
모두 불러 세웠다.

보문산 수족관

보문산 산새들이 노래하는 기슭에
사계절 고운 잎들 나무마다 피어나고
등산객
눈웃음 가득
끌어안아 품었다.

굴속에 바닷물을 가득 담아 두고서
산중턱 오르는 길 물고기집 만들어
관람객
마음이 되어
눈맞춤을 한단다.

동짓달 찬바람도 굴 안은 따스하고
밝은 달 작은 별도 살짜기 엿보면서
고운 빛
예쁜 몸짓은
동굴 속의 바다다.

샘머리 공원

한밭땅 샘머리엔 큰나무 느티나무
옛 전설 믿음 가득 가슴에 보듬고서
우뚝 선
늠름한 자태
천년의 꿈 품는다.

둘레엔 푸른 솔을 우러러 품에 안고
새들도 다람쥐도 가지에 올라앉아
대전의
으뜸나무라
돌비석도 있단다.

솔바람 흰 구름도 머물며 쉬어가고
분수대 물줄기가 하늘에 치솟으면
새하얀
백로도 날아
천년 숲을 꾸민다.

백제의 연꽃

사비땅 궁남지엔 여리게 바람 불고
햇살도 밝고 맑게 연잎에 앉아 쉬면
삼천 명 궁녀들 넋이 꽃이 되어 피었다.

계백의 창이 되고 방패로 가득한 잎
꽃대궁 하늘 높게 잎들은 크고 넓게
오늘도 사비성 두루 너울대며 춤춘다.

부소산 솔바람은 백제탑을 안고 돌며
궁남터 연꽃밭엔 궁녀들의 춤사위
꽃피어 하늘 가득이 향기 풀어 부른다.

제6부

사랑꽃 고운 길

꽃잎 나들이

고운 빛 벚꽃 길에 흰나비 함께 날고
바람은 운전기사 나비도 싣고 가고
엄마의
머리 위에 앉아
예쁜 핀이 되었지.

시냇가 벚꽃 길에 흰나비 분분 날면
나비도 날아와서 꽃처럼 함께 날고
사뿐히
누나 머리에
노랫말을 앉힌다.

자동차 달려가면 꽃잎도 따라가고
봄 소풍 가고 싶어 남모르게 따라오고
어머님
손가방에 붙어
함께하는 나들이.

봄날

벚꽃이
나비되어
여울물에
앉았다

뻐꾸기
고운 노래
산골밭을
울릴 때

해맑은
웃음소리에
봄을 줍는
아이들.

꽃 이불 1

산마다 곱고 고운 꽃 이불을 깔아놓고
해님이 자고가면 밝은 달님 놀다가고
별님들
이야기 마당
소곤소곤 꽃 이불.

진달래 분홍이불 개나리꽃 노랑이불
산과 들 활짝 펴논 벌 나비들 잔치마당
별들은
노래 부르고
나비 떼는 춤사위.

방안엔 아기이불 토끼사슴 함께 놀고
엄마는 가만가만 토닥이며 자장가를
아기는
고운 꿈꾸며
두 손 쥐고 잠든다.

꽃 이불 2

함박꽃 빨간 싹은 하늘 향해 크고 싶어
어젯밤 달님얘기 재미있게 듣고 나서
살구꽃 고운 이불을 살짝 덮고 잡니다.

산언덕 비비추는 산새노래 듣고 싶어
어젯밤 별들 얘기 하나하나 담아서
진달래 분홍이불을 살짝 덮고 잡니다.

앞뜰에 목련꽃은 병아리랑 놀고 싶어
어젯밤 바람얘기 살랑살랑 품고서
뜨락에 사뿐 내려와 함께 놀고 있습니다.

연꽃

해님을 그리셔요 달님도 그리구요
바람이 찾아와서 둥근 잎 쓰다듬고
꽃송이
머리에 인 채
하늘 높이 솟네요.

해님을 그리셔요 달님도 그리구요
밤에는 별들 모여 옛 얘기 도란도란
꿈 가득
꽃송이 열면
향기가 가득 풍겨요.

해님을 그리셔요 달님도 그리구요
별들도 돌아가고 개구리 앉아 쉬는
저 연꽃
둥근 잎으로
해도 달도 그려요.

푸른 5월에

푸른 5월 하늘보다 푸른 들을 보란다.
낮은 곳엔 곱디고운 예쁜 꽃이 웃고요.
구름은 꿈 가득 싣고 하늘바다 건넌다.

푸른 5월 아이들은 꿈 밭에 씨를 심고
들마을의 들꽃들이 활짝 웃고 반기면
산마을 고운 새소리 골바람에 터진다.

푸른 5월 가슴마다 어버이를 섬기고
아이마다 고운 마음 곱디곱게 가꾸어
부모님 높은 은혜를 카네션에 담는다.

박꽃

해지고 달이 뜨면 새하얀 박꽃 피고
하늘엔 반짝반짝 별들의 놀이마당
처마 끝
참새 한 마리
둥지에서 잠든다.

박꽃은 엄마 손짓 아이들 부르는 꽃
흰 연기 하늘하늘 흰 꽃잎 피어나면
부엌엔
설거지 소리
엄마 손길 바쁘다.

시골길 논두렁길 아버진 소를 몰고
지붕엔 둥근달이 박꽃에 입 맞추면
꿈 가득
어린 박들이
달빛 닮아 커간다.

백목련 1

봄바람 몇 자락이
나들이를 가다 말고
기왓골을 타고와
살금살금 숨어서
빈 뜨락
목련나무에
편지글을 쓰고 갔다.

흰 구름 몇 조각도
소리 없이 맴돌다가
백목련 끝가지에
잠시 쉬며 머물더니
어느덧
뜨락 한 가득
흰나비를 풀었다.

백목련 2

봄바람 몇 자락이 흰 눈을 싣고 왔나
산등성 돌고 돌아 꽃가지에 쉬나봐
백목련
꽃가지마다
봉긋봉긋 하얀 눈.

빈 뜨락 빨랫줄에 춤추는 배내옷들
한나절 바람결에 새하얀 꽃이 됐나
눈송이
하얀 목련꽃
하느적댄 꽃이다.

흰구름 몇 조각이 삽짝을 맴돌다가
뚜욱 뚝 뜨락에 꽃잎을 내려놓으면
갓난애
해맑은 웃음
백목련 꽃 곱단다.

봉숭아꽃 핀 언덕

산언덕 붉은 밭은 억새가 지켜주고
낡은 집 뜨락에는 봄빛이 놀고 간다.
멍멍이
짖어대면서
손님 맞는 과수원.

논두렁 밭이랑엔 파릇파릇 풀빛 돋고
산마다 진달래꽃 울타리엔 개나리꽃,
방긋이
미소 지으면
복숭아도 꽃이 핀다.

시골집 뜨락 가득 꽃이 피는 봄날에는
새들도 나비들도 날아와서 함께 논다.
복사꽃
산언덕 가득
활짝 웃고 피었다.

봉선화 1

담 밑 가득 활짝 핀 봉숭아꽃 송이송이
해질 무렵 골라 따서 꽃물 곱게 들이려고
누나는
손가락마다
실로 꽁꽁 매던 꽃.

잠을 자다 풀릴까봐 손가락을 가만가만
여름밤을 지새우며 곱게 들인 봉선화물
빠알간
매니큐어가
손끝에서 빛난다.

방아 찧고 빨래 할 때 고운 꽃물 질까봐
길쌈하고 바느질에 고운 색깔 묻을까봐
누나는
고 예쁜 손을
다시 보며 웃었다.

봉선화 2

어여쁜 여자 애가 꽃잎 가득 따고 있다.
봉선화 고운 꽃물 손가락에 들이고 싶어
빨간 꽃
봉오리 하나
손가락에 대본다.

뜨락엔 저녁해가 쉬엄쉬엄 다가오고
부엌엔 내 누님이 설거지를 하고 있다
봉선화
빨간 꽃송이
한 움큼을 주었다.

불빛에 모여앉아 도란도란 정 나누고
오누이 손가락에 실로 칭칭 감아 가면
손끝에
고운 정들이
다시 피는 봉선화.

꽃길

비 내리는 날 길 가득
고운 꽃이 걸어가요.

큰 꽃 작은 꽃
걸어가고 있어요.

빛 고운
곱디고운 꽃
활짝 웃고 있어요.

뚜루루 네거리
건널목에 활짝 피고

비 내리는 날 길거리엔
고운 꽃이 걸어요.

활짝 핀
꽃송이마다
이야기꽃도 피어요.

분꽃 1

해질녘 뜨락에는
엄마 보라 피는 꽃

햇보리 절구방아
허리 펴라 웃는 꽃

분꽃은 엄마 꽃시계
노을 따라 피는 꽃

해질녘 사립문에
아빠 마중 웃는 꽃

꼴망태 어깨 메고
어서 오라 피는 꽃

분꽃은 아빠 꽃시계
노을 따라 웃는 꽃

* 사립문 : 사립짝을 달아서 만든 문짝, 싸리문.

분꽃 2

아침참에 피었다가
꿈꾸며 그린 얘기
나비도 불러보고
바람 타고 손짓하다
해질녘
뜨락에 가득
웃음 짓고 피는 꽃.

낮에는 다문 꽃잎
해지면 피어나고
아빠 보라 웃으면서
방긋방긋 피어나서,
퇴근길
우리 가족을
노래하며 반기는 꽃.

살구꽃 피면

뜨락에 홀로 서서 꽃등을 환히 밝혀
달님도 앉아 쉬고 별들도 숨고 가면
바람은
꽃잎을 날려
숨은 별을 찾는다.

검둥개 꼬리치며 꽃잎에 입 맞추고
어머님 치맛자락 꽃잎을 쓸고 가면
바람은
뜨락에 환한
꽃 이불을 펼친다.

달빛도 내려 쉬고 풀벌레 한데 모여
한낮에 지친 몸을 꽃잎에 앉아 쉬면
살구꽃
고운 꽃잎도
오순도순 정답다.

섬초롱꽃

산자락 푸른 언덕 무명치마 내 누님은
살포시 고개 숙여 수줍은 듯 꽃이 되어
초롱불 환한 얼굴로 손짓하며 반긴다.

한시름 올올마다 베 길쌈에 실을 엮듯
올마다 쓰다듬어 손길 따라 다듬을 때
누님의 치마폭마다 송이송이 피는 꽃.

바람이 손짓해도 방긋방긋 웃어주고
산새가 바라봐도 다소곳이 고개 숙여
길손들 가는 길마다 등불 되어 밝힌다.

가을나비

바람 따라 팔랑팔랑
나뭇잎은 나비날개
장독대에 사뿐사뿐
낙엽 꽃이 피어나면
고운 빛 가을햇살은
꽃물 짙게 들인다.

낙엽은 요리조리
바람을 피해가고
바람은 살랑살랑
나비를 따라가면
단풍잎 나비가 되어
꽃잎마다 여행길.

아기가 아장아장
단풍잎 주워들고
꽃신에 맞춰보고
얼굴에 붙이면
한 마리 가을나비가
앉아 쉬고 있네요.

얼굴

해님은 아빠 얼굴
달님은 엄마 얼굴

엄마 손 아장아장
걸음마 가르치면

별님은
아기 얼굴로
반짝반짝 빛난다.

사랑꽃

아이들을
꽃이라고 부르며 쓰다듬고
품에 꼬옥 안아보고 손으로 보듬고
교단의
참스승 되어
곱게곱게 가꾼 꽃.

사람들은
잊지 마라 물방초 닮아가고
그리움도 애태움도 사랑 꽃 가꿔 가면
기다림
꽃이 되어서
웃음 활짝 사랑꽃.

청춘을
가르침에 밭 가꾸듯 흘린 땀
이제는 꿈의 열매 40년의 기다림
사랑꽃
곱디곱게 핀
내 마음은 열린다.

작품해설

눈부신 서정과 올곧은 의지
- 김영수 시인의 시조세계

문학평론가 **리 헌 석**
(사) 문학사랑협의회 이사장

1. 연당 선생의 문학적 여로

 연당 김영수 시인은 1940년에 충청남도 논산시 연산면에서 출생하였다. 그의 관향(貫鄕)은 광산(光山)으로 사계 김장생 선생의 후손이다. 반가(班家)의 전통을 따라, 학문을 숭상하는 가풍(家風) 속에서 자란 그는 대전사범학교를 졸업한 후 평생 교육자로 봉직하였다. 초등학교 교사, 교감, 장학사, 교장 등을 역임하며 교육발전을 위해 열정을 바쳤다.
 천성이 너그럽고 타인을 돕는 일에 솔선하여 주위로부터 존경과 찬사를 받는 교육자로서, 선생은 어린이의 정서 함양을 위해 많은 활동을 펼쳤다. 지역 방송국의 초청으로 어린이프로에서 음악분야 심사위원으로 봉사하였다. 연극 발전을 위해 어린이지도에 힘쓴 결과, 전문 연극인으로 인정받아 충남연극협회에 참여하였다. 어린이들의 글짓기 지도에 뛰어난 실적을 올리면서 자신도 창작의 길에 나섰다.

선생은 700여 년 면면하게 이어온 겨레시(시조) 창작에 남다른 열정을 보였다. 현대 자유시에 밀려 고사 직전의 시조를 지켜야 한다는 다부진 의욕으로 창작에 매진하였다. 시조 창작에 첫 선을 보인 것은 1970년대였다. 소정 정훈 선생이 출범시킨 시조 동인지 '차령'의 창립회원으로 작품을 발표하였다. 이어 '가람문학'의 창립회원으로, 대전시조시인협회 창립회원으로 참여하여 지칠 줄 모르는 창작열을 쏟았다. 특히 대전시조시인협회 회장을 2회 역임하면서 지역 시조 발전에 공헌한 바 크다.

또한 초등학교 교육자로서, 어린이들의 창작 의욕을 북돋우었고, 이와 함께 아동문학 작품을 창작하여 발표하였다. 충남아동문학회 창립회원으로 참여하여 쉬지 않고 작품을 발표하였다. 여러 임원을 거친 후, 회장으로 봉사하여 지역 아동문학 발전에 이바지하였다. 이를 바탕으로 전국적인 아동문학 단체의 여러 임원을 맡아 봉사하고 있다.

연당 선생은 시조와 아동문학 창작을 통하여 문학 발전에 기여하는 저서를 다수 발간하였다. 아동문학 저서로는 『간디』 김유신과 계백』, 『견우와 직녀』 『황제의 무사』 『알렉산더』 『거북선과 이순신』 『걸리버 여행기』 『안창호』를 비롯하여 창작 동시집 『해님의 전화』 『아기새와 꽃바람』을 발간하였다. 문집 『사랑이 넘치는 뜨락』, 시조집 『그리움이 꽃피는 뜨락』 등도 발간하였다.

이러한 결과로 한국아동문학 작가상(2000), 대전문학상(2002), 대전광역시문화상(문학부문 2009), 김영일아동문학상(2011), 하이트진로문학상(2012) 등을 수상하면서 문학적 업적을 인정받았다. 그는 최근에도 한국문인협회 제도개선위원, 한국문학창작연구원 원장, 대전문학 편집위원장 등을 맡아 수고하는 현역 문인이다.

연당 김영수 선생의 작품에 대한 평가는 여러 평자들에 의해 이루어졌다. 엄기원의 「돋보인 선비정신의 시」, 유창근의 「이미지의 작은 마디에 의해 행을 가르는 방법의 시」, 전영관의 「자연 그리고 순수의 아름다움」, 심윤섭의 「자연사랑과 소박한 릴리시즘」, 오순택의 「잔잔한 울림」, 김동권의 「욕심 안 부리고 착한 어린이처럼」, 이용의 「자연과 물질의 아름다운 햇살 같은 마음으로 그려」, 리헌석의 「겨레시에 담은 동심과 시심의 정수」, 태안신문에 실린 「시간과 공간에서 함께 그리며 생각」 등이다.

2013년은 연당 선생에게 결혼 50주년(금혼)과 등단 30년이라는 특별한 의미를 지닌 해다. 세상의 여러 정황들을 초탈(超脫)한 채 살아가는 선생이지만, 자녀들의 권면을 이기지 못하여 시조집과 동시집을 함께 발간하게 되었다. 또한 결혼 50주년을 맞아 동반자를 향한 오롯한 마음을 담아내는 의미도 겸하고 있다.

2. 연당 선생의 서정과 지향

연당 김영수 선생이 어린이들을 위한 교육적 배려로 저술한 책들은 한때 전국 어린이의 필독도서로 선정될 정도였다. 이후 발간한 그의 시조집과 동시집에는 시인의 섬세한 서정과 내면이 담겨 있다. 그의 문학적 지향을 확인하기 위하여, 몇몇 저서를 정독하면서 받은 감동은 형언할 수 없는 힘으로 다가왔다. 일독하면서 받은 감동이 다시 읽으면서 구체화되고, 또 다시 정독하면서 작품의 깊이에 매료되었다.

최근 결혼 50주년과 등단 30주년을 기념하기 위해 발간하는 시조집을 읽으며 그의 겸양에 놀랐다. 일반적으로 기념 문집의 성격은 문학성을 중시하기보다 자신을 드러낼 수 있는 여러 글이나 자료를 다양하게 갖추는 게 상례(常例)다. 그렇지만, 연당 선생의 기념 시조집은 작품 하나하나에 독특한 생명을 부여하는 저서였다. 서문, 시조 작품, 해설 등 가장 극명한 요소만으로 편집하여 문학적 성취를 추구하였기 때문이다. 작품마다 살아 있는 감동을 생성(生成)하고 있지만, 그 중에서 몇 점만을 선정하여 감상하기로 하였다.

「봄의 강(江)」은 3연으로 완성된 작품이다. 연당 선생의 내면과 자연이 합일(合一)되어 있다. 자연을 바라보는 눈부신 서정, 그리고 자연에 동화된 시심, 이를 바탕으로 자연과 시인이 하나가 되는 물아일체(物我一體)의 경지를 담고 있다. 그리하여 이 작품을 읽어 내려가면, 섬진강의 아름다운 봄 강변을 걷고 있는 선생의 뒷모습이 보인다. 그 서정과 깨달음을 독자들이 공유할 정도로 묘사와 서술, 비유와 상징이 뛰어나다.

맑은 물 고운 꽃빛 섬진강 언덕길에
샛노란 산수유 꽃 천사의 모자 같다.
강바람
물소리 따라
조심조심 걷는다.

맑은 듯 고운 물이 자갈돌을 닦는다.
깨끗한 거울처럼 봄꽃을 가득 담아
나비들
날개바람에

꽃구름도 띄우고.

강물은 우리 보고 쉼 없이 배우란다.
막히면 돌아가고 때로는 쉬어가며
물굽이
흐르는 모습
갈무리해 가란다.

－「봄의 강(江)」 전문

　이 작품은 선경후정(先景後情)이라는 전통적인 시조 창작 기법을 원용하고 있다. 첫 수에서는 가감할 필요 없이 작품 그대로 감상하면 된다. 선생은 맑은 물이 흐르는 섬진강을 따라 걷는다. 벚꽃 진달래 꽃도 아름답지만, 강 언덕에 피어 있는 샛노란 산수유 꽃이 반긴다. 그 꽃이 가톨릭 신자인 선생의 눈에는 '천사의 모자'로 보였던 것 같다. 여울이었을까, 흐르는 물소리가 명랑하여, 그 소리를 따라 시인이 걷는다. 첫 수를 읽으며 독자들은 이와 같은 그림이 그려질 것이다.
　둘째 수에서는 시인의 상상력을 확인하게 된다. 강바닥에는 크고 작은 돌들이 수두룩하다. 섬진강 맑고 고운 물이 그 자갈돌을 씻어 매끈하다. 물도 거울처럼 맑고 깨끗하다. 그 물이 봄꽃의 그림자를 안고 흐른다. 물에 비친 꽃의 그림자를 따라 나비가 날아온다. 그리하여 물에 비친 봄꽃과 나비가 오버랩이 되고, 다시 하늘의 구름이 겹친다. 그러면 물속에 비친 꽃, 날아다니는 나비, 그 나비 날개와 겹친 구름 등으로 인해 〈나비들/ 날개바람에/ 꽃구름〉을 띄우는 것이다. 이러한 인식이 바로 김영수 시인을 훌륭한 시인으로 인식하게 하는 요소로 기능한다.

셋째 수에서는 자연에서 삶의 이치를 궁구(窮究)하는 예지를 보인다. 〈강물은 우리 보고 쉼 없이 배우란다.〉고 말하지만 이는 스스로 배우고 찾아낸 것에 다름 아니다. 〈막히면 돌아가고 때로는 쉬어가며/ 물굽이/ 흐르는 모습/ 갈무리해 가란다.〉에서 인생의 원숙기에 든 시인의 철학적 진실이 작품 속에 투영되어 나타난다. 자연에서 삶의 이치를 배우는 것처럼, 자연에서 애틋한 정서를 환기하는 것 또한 연당 선생이 자주 활용하는 창작 묘법이다.

특히 육친(肉親)에 대한 그리움은 어떤 사물을 만나든지 발현된다. 사랑과 은혜에 대한 특별한 내면화를 통하여 근원적인 삶의 의미를 담아낸다.

> 형형색색 꽃잎마다 어머님 사랑 담고,
> 아버님의 뜻을 받아 지키는 오상고절.
> 저녁놀
> 붉은 해 보며
> 물결치는 그리움.
>
> 그리움을 불러내어 바람에게 물으면
> 사랑아 내 사랑아, 꿈결 같은 속삭임.
> 달빛에
> 마음을 엮어
> 오솔길을 밝힌다.
>
> ―「들국화」 전문

우리의 산야에는 들국화로 통칭되는 꽃들이 여러 종이다. 들국화는 산국(山菊)이라고도 불리는데, 주로 구절초를 일컫는다. 그러나 감국이나 금불초를 포함하며, 초가을에 피어 된서리 내리는 늦가을까지 피어 있는 꽃들을 포함하며, 그 강인한 의지로 인해 '오상고절'이라 불린다. 연당 선생이 〈형형색색 꽃잎마다 어머님 사랑〉을 담고 있다는 첫수 초장에서 보면, 가을 들녘에 피어 있는 복합적 의미의 '들국화'를 노래한 것으로 보인다. 또한 중장의 〈아버님의 뜻을 받아 지키는 오상고절〉에서 강인한 성향을 찾아내는 것도 동일한 양식이다.

'들국화'에서 어머니를 연상하고, 다시 아버지를 추모하던 시인의 시선은 붉게 물드는 저녁놀로 향한다. 늦은 저녁때 노을 속에서 맞아 주시던 부모님을 연상한 것으로 보인다. 그래서 시인은 〈저녁놀/ 붉은 해〉를 바라보며 부모님에 대한 〈물결치는 그리움〉을 작품에 살려낸다. 〈그리움을 불러내어 바람에게 물으면〉 예전에 들려주시던 부모님의 음성이 들리는 듯하다. 지금은 작고하여 뵐 수 없는 부모님께서 〈사랑아 내 사랑아〉 얼러 주시던 꿈결 같은 속삭임이 되살아난다. 그 부모님의 사랑은 〈달빛에/ 마음을 엮어/ 오솔길〉을 밝히는 등불과도 같다.

고희(古稀)를 훌쩍 넘긴 시인에게 있어, 어린 시절에 입었을 사랑과 은혜는 더욱 절실하기 마련이다. 자녀들의 돌잔치도 치르고, 다시 손주들의 돌잔치도 치른 후, 세월을 되짚어 자신의 돌잔치 풍경을 유추하여 작품을 빚어낸다.

    첫돌에 어머님은 천수를 누리라고
    길고 긴 생명의 끈 실타래 놓으시고
    "아가야
    갑자(甲子)를 돌아
    오래오래 살아라."

바람이 불어와도 파도가 밀려와도
삶의 길 이겨내고 참되게 살라시며
수수떡
온 정성 담아
이웃 모두 나누셨다.

돈을 쥘까 붓을 쥘까 실을 쥐면 어떻고
과일 쥐면 어떠할까 조마조마 엄마 마음
첫돌에
돌상 가득이
부모 마음 쌓으셨다.

- 「첫돌」 전문

 세상의 어느 누구도 자신의 첫돌에 대한 기억은 남아 있지 않을 것이다. 그러나 시인이 자녀들 돌잔치를 베풀며 감득(感得)한 정서라든지, 자녀들이 손주들의 돌잔치를 하는 것을 보면서 새롭게 깨달은 상황을 바탕삼아 자신의 돌잔치를 유추한 것이다. 이는 특정한 사람의 돌잔치 광경일 수도 있으나, 한국 가정에서 흔히 만날 수 있는 일반화된 정경이기도 하다.

 시인이 첫돌을 맞았을 때는 일제시대이고, 오늘날처럼 의약이 발전하기 전이어서 자녀들의 수명이 가장 염려스러웠을 터이다. 그래서 선생의 어머님 역시 돌상에 〈길고 긴 생명의 끈〉 '실타래'를 놓으시고, 아들이 그 실타래를 선택하기 바랐을 것이다. 〈"아가야/ 갑자(甲子)를 돌아/ 오래오래 살아라."〉 기원하는 마음이 그러하다. 이러한 돌잔치 상차림은 자신에 대한 서정적 반추(反芻)이면서, 시대상에 대한 증언(證言)이기도 하다.

현대의 가족형태는 소가족 시대를 지나 핵가족 시대에 들어섰다. 한 가정에 두 자녀 잘 기르기 운동을 펼쳤지만, 최근에는 한 자녀 가정이 늘어나는 추세라고 한다. 이로 인해 부모들의 과도한 사랑과 보살핌, 자신만 아는 자녀들의 이기심 등이 사회 문제로 대두되고 있다. 이러한 때에 전통적인 '돌잔치'는 가정의 의미를 되새기게 하는 작품이다. 〈바람이 불어와도 파도가 밀려와도/ 삶의 길 이겨내고 참되게 살라〉고 하신 부모님의 말씀은 현대사회에서도 금과옥조(金科玉條)로 작용하기 때문이다.

　돌잔치를 통하여 살아가는 지혜를 노래한 것은 평생 교육자로 봉직하여 체득한 결과로 보인다. 그는 충남 논산시 연산면에서 대전광역시 중구에 있는 사범학교에 다니면서 훌륭한 교육자가 되기를 소망하였다. 등교 및 하교하던 원거리 통학의 추억, 선후배와 함께 통학하며 쌓은 우정 등이 시조에 나타난다.

　　　별을 보고 달을 보며
　　　뛰고 닫던 통학길

　　　연산역 물을 먹고
　　　양정고개 넘던 기차

　　　서대전
　　　연탄공장 옆
　　　논둑길을 달렸다.

　　　용머리 대사고개
　　　아카시아 향기 짙고

> 통학생 후배사랑
> 철길처럼 길고 긴 길
>
> 서로가
> 배움터 찾아
> 한발 한발 스승의 길.

―「스승의 길」 전문

스승이 되기 위해 이처럼 열심히 학습하여, 그는 모범적인 교사로 평생 초등교육에 봉직한다. 사회적으로나 경제적으로, 또 다른 측면에서 수많은 어려움이 그를 힘들게 하였을 터이지만, 그 모든 난관을 극복하고 40여 년을 봉사한 후 정년퇴임을 맞는다. 이렇듯이 초등교육에 헌신할 수 있었던 바탕에는 남을 위해 봉사하려는 선한 마음이 있다. 약자를 보호하고 도우려는 의협심, 한번 시작한 일은 끝까지 이루겠다는 다부진 의지의 소산이다.

이러한 정서는 '부모의 마음'과 닿아 있다. 시조 작품 「대숲에 서면」의 셋째 수에서 그는 〈어머님 손길 따라 대그릇 태어나고/ 아버님 톱질소리 산마을 울음 울 때/ 텅 빈 속/ 통대가 울면/ 부모 마음 보인다.〉고 노래한다. 아버지는 대숲의 대(竹)를 톱으로 잘라오셨을 터이고, 그 대를 자르고 가늘게 쪼개어 다듬으셨을 것이다. 그러면 어머니는 그것으로 대그릇을 여몄을 것이다.

이런 추억을 간직하고 있는 시인은 대나무 숲에서 바람소리가 울리면 '부모 마음'을 떠올린다. 그는 특정 사물에서 부모님의 정성과 사랑을 연상하기 때문에, 제자를 비롯한 특정한 사람들에게 동일한 정성과 사랑을 베푸는 것이다. 이와 함께 대숲에 서서 대(竹)와 같이

곧은 인품을 가진 제자들을 육성하고자 하였으리라. 평생을 그렇게 살아온 연당 선생의 삶이 시조 작품에 오롯이 담겨 있다.

3. 현대의 고독을 극복하는 예지

　현대인들은 고독을 숙명처럼 여기고 살아가는 듯하다. 먼 곳에 사는 사촌보다 가까이 사는 이웃이 낫다는 말은 속담 사전에나 존재하는 시대로 보인다. 출입문을 마주한 채 사는 아파트에서 인사를 나누지 않고 지내는 사람도 부지기수라고 한다. 인사를 나누기는 하지만, 서로 교류하지 않는 사람은 더 많다고 한다. 그래서 많은 사람들과 살고 있지만, 고독할 수밖에 없는 것이 현대인의 실상이다. 자신이 먼저 손을 내밀어 인정을 나눌 수도 있겠지만, 내민 손을 외면하는 이웃이 있어 민망한 경우도 허다하다는 것이다.

　이런 세상에 연당 김영수 선생은 천연기념물과 같다. 선생이 동석한 자리는 언제나 수준 높은 해학과 웃음이 넘친다. 상대방을 칭찬하며 대화를 이끌어 가는 리더십을 발휘한다. 교직에 입문하면서 시작한 보이스카우트 지도자의 자세로 언제나 솔선수범이다. 직책의 고하, 혹은 연령의 다소를 막론하고, 스스로 앞장서 봉사하려는 자세가 빛난다. 타인에 대한 배려가 남다르고, 무엇이든지 도와주려는 마음이 아름답다.

　그러한 선생의 눈에 '소쩍새' 한 마리가 포착된다. 숲을 떠나 도심에 찾아온 소쩍새는 모든 것이 서투르고 어리둥절하다. 그 정황을 작품으로 승화시킨다. 세상 살기가 서툰 사람들, 현대 물질문명에 익숙하지 않은 사람들을 상징하는 것으로도 보인다.

길 잃은
한 마리의 소쩍새가 날아왔다
대도시 한복판의 아파트 나뭇가지
꽃들도
자동차들도 가만가만 보았다.

나무도 흔들흔들
창문도 덜컹덜컹
전깃줄에 앉아서 그네 타고 놀다가
빌딩숲
골목 길 찾아 요리조리 날았다.

한낮에
아이들이 눈 맞춤을 하려고
더, 더, 더 숨죽이며 다가와서 살펴보다
큰 눈이
노랗고 커서 무섭다고 내뺀다.

―「소쩍새 한 마리」 전문

  연당 선생의 작품은 대부분 설명이 필요 없을 정도로 쉽다. 또한 시조의 격을 높이고, 서정의 아름다움을 발산하며, 올곧은 의지를 담아내는 특징을 보인다. 이 작품 역시 그러하다. 길을 잃은 소쩍새 한 마리가 대도시의 한복판 아파트 지역에 나타난다. 소쩍새는 모든 것이 신기한 듯 큰 눈을 굴리며, 꽃도 바라보고, 늘어서 있는 자동차들도 살핀다. 나뭇가지에 앉았던 소쩍새가 훌쩍 날아 전깃줄로 옮긴다. 바람이 불 때마다 그네를 타듯이 흔들거리다가 빌딩 사이를 날아다닌다. 아이들과 눈을 맞추기도 하지만, 아이들은 소쩍새 부리부리한 눈이 무서워 도망친다. 이와 같은 상황을 시조로 빚는다.

시심의 순수를 담아낸 이 시조는 '제재의 신선함'과 함께 '형식의 새로운 시도'라는 특별한 의미를 갖는다. 단시조는 3장 6구 45자 내외라는 전통적 정형률을 기본으로 하였다. 그러다가 풍자적 혹은 해학적으로 길게 노래하기 위해 사설시조가 발생하였다. 현대에 이르러 시조는 단시조를 중첩하여 연시조를 대두시켰고, 정형률에 의한 단조로움을 피하기 위해 율격에서 벗어나려고 시도한다. 장(章)이나 구(句)를 독특하게 배열하여 변화를 모색하기도 한다.

연당 선생은 시조의 기본적 율격을 지키면서 시대적 흐름을 반영한다. 「소쩍새 한 마리」도 그러한 범주의 작품이다. 시조의 기본 율격은 철저하게 지키면서 행의 배열을 자유롭게 하여 형식의 신선함을 유도한다. 시조 작품에 대한 깊이가 얇은 독자는 자유시로 분류할 수도 있겠지만, 시조의 율격을 이해하는 독자는 수준 높은 형식의 시조에 감탄할 것이다. 이처럼 시조의 고유한 정체성을 확보하기 위해, 기본질서는 엄격하게 지키면서, 일신우일신(日新又日新)하려는 자세를 견지한다. 이러한 시조 형식의 특징과 함께, 이 작품은 상징적 심상으로 빛난다.

연당 김영수 선생은 세상을 향한 열린 마음으로 봉사하기 때문에 긍정적 자세를 유지하고 있다. 여러 단체와 기관에서 적극적으로 봉사하며, 문학 발전을 위한 일에서도 지도적 위치를 확보하고 있다. 정성과 사랑으로 이타적 삶을 살기 때문에 젊게 사는 지혜가 작품 속에서 빛난다. 그의 삶이 오롯하게 담겨 있는 남은 작품들에 대한 감상은 독자들의 몫으로 남긴다.

소쩍새 한 마리
김영수 시조집

발 행 일 | 2013년 11월 30일
지은이 | 김영수
발 행 인 | 李憲錫
발 행 처 | 오늘의문학사
출판등록 | 제55호(1993년 6월 23일)

주　　소 | 대전광역시 동구 삼성1동 125-6 한밭오피스텔 401호
전화번호 | (042)624-2980
팩시밀리 | (042)628-2983
홈페이지 | http://www.lito77.co.kr(홈페이지)
전자우편 | hs2980@hanmail.net

공 급 처 | 한국출판협동조합
주문전화 | (070)7119-1741~2
팩시밀리 | (031)944-8234~6

ISBN 978-89-5669-578-5
값 10,000원

ⓒ김영수.2013

* 지은이와 협의하여 인지는 생략합니다.
* 잘못된 책은 바꾸어 드립니다.
* 이 책은 전자책(교보문고)으로도 제작되었습니다.